8
LN27
42081

LE DOCTEUR BLANCHE

1820 — 1893

ANTOINE-ÉMILE BLANCHE

1820-1893.

Août 1893.

Le Docteur Émile Blanche vient de mourir. Cette nouvelle qui frappe si douloureusement un nombre considérable de personnes, toutes celles qu'il a connues et dont il a été aimé, cette nouvelle nous parvient sans que nous puissions presque y croire. Nous l'avions quitté, il y a peu de semaines, encore vaillant, malgré la maladie dont nous ignorions la gravité et encore si occupé des autres, du bien qu'il avait à faire, qu'il n'admettait pas qu'on lui parlât de repos.

On peut dire que son pays n'est pas seul atteint par cette perte cruelle: le nom du Dr Blanche, en France, en Europe, en Amérique, était absolument consacré, vénéré; et celui qui le portait était devenu indispensable dans les consultations pour les malades atteints d'aliénation mentale. Il était de plus le confident, l'ami aux conseils toujours sûrs, auquel restaient fidèles cette légion de malheureux qu'il aidait et dont il relevait le courage aux heures de peine. Sa vie, entièrement passée dans le contact des misères les plus noires de l'humanité, aura à peine été éclairée de quelques rayons, et l'on peut douter si un autre homme, à notre époque, eût poursuivi comme lui, sa tâche sévère, sans découragement ni lassitude.

M. le Docteur Blanche (Antoine-Émile) était né à Paris, le 1er octobre 1820 ; son père, le Dr Esprit-Sylvestre Blanche, qui a laissé tant de souvenirs dans le monde artistique et littéraire de l'époque, avait fondé à Montmartre la maison de santé très réputée où directeur et malades vivaient dans une intimité charmante. Madame Blanche, la mère, aimable figure de grâce et de bonté qu'Antony et Émile Deschamps ont célébrée dans leurs vers, était la collaboratrice de son mari et donnait déjà à la maison ce caractère si spécial qui frappait ses nombreux commensaux.

Son éducation terminée, M. Blanche ne tarda pas à s'unir à ses parents pour donner aussi ses soins aux malades de Montmartre ; il poursuivait en même temps des études médicales des plus sérieuses : il fut reçu interne des hôpitaux en 1845 et docteur en médecine en 1848. La mort de son père lui laissa bientôt la direction de la maison de santé, qui, devenant de jour en jour plus importante, avait été transportée à Passy, où elle est encore, dans cette vaste propriété de belle allure, qu'avant la Révolution, avaient habitée Lauzun et Madame de Lamballe.

C'est à Passy qu'il faudra désormais aller pour voir l'œuvre du Dr Blanche et de sa femme, Madame Félicie Blanche. C'est là que restera vivant le souvenir de cet homme excellent et de cette organisatrice si intelligente et si active, qui ont mis là tant d'eux-mêmes, pour adoucir les souffrances de générations de pauvres malades.

De même qu'à Montmartre le cabinet du docteur fut le lieu de réunion des Parisiens les plus distingués, l'on parle encore des samedis de Passy, où tant d'idées s'échangèrent entre savants artistes et philosophes. Le Dr Jean Bouley, ce grand homme modeste et insuffisamment connu, l'intime des Renan et des Renouvier, avait consenti par amitié pour M. Blanche à vivre chez lui et prêtait le précieux concours de son vaste esprit et l'autorité de son âge au jeune directeur.

C'est auprès des aliénés, avec ses malades tant aimés, qu'il fallait voir le Dr Blanche. On peut dire qu'il chérissait ses pensionnaires comme autant d'enfants à lui. La façon dont il savait leur parler et les écouter était aussi habile que douce, ses rapports avec leurs parents si cordialement affectueux, si sincèrement émus qu'ils lui devenaient tous des reconnaissants amis.

De là, la situation unique qu'il occupait dans la société parisienne, où il était si recherché et d'autant plus qu'il se dérobait, estimant que la place d'un médecin aliéniste, — et des médecins en général — n'est point dans le monde. C'est ainsi qu'avec ces relations flatteuses qu'il avait toutes acquises par des services rendus, et conservées par la complète confiance qu'il inspirait à tous, on ne le vit pas, ou guère, hors de chez lui. Sa tendresse pour les êtres souffrants, il l'avait eue dès son plus jeune âge, elle ne fit que se développer avec les ans. Elle était devenue si ardente et sa compassion était si souvent sollicitée par la douleur humaine dont il ne cessait d'entendre la plainte, que depuis longtemps déjà un voile de tristesse enveloppait son visage souriant. Il aurait voulu soulager, guérir tous ses malades, tirer de la pauvreté tous les malheureux qu'il rencontrait. Il était fier de donner plus qu'il ne pouvait et il se fût complètement ruiné par sa bienfaisance, si on ne l'eût souvent rappelé à la réalité. Il fut tout spécialement le bienfaiteur de son quartier, où il était si populaire ; là, chacun l'abordait sans crainte et toujours sûr de lui faire plaisir en lui demandant un secours : il était désolé quand il ne pouvait plus l'accorder et ne consentait pas à se l'avouer à lui-même.

Depuis 1872 le D' Blanche, ayant l'illusion qu'il pourrait avoir moins de préoccupations en étant plus éloigné des pensionnaires de Passy, et ne songeant pas qu'il portait en lui la cause même de son inquiétude pour les autres, s'était retiré dans sa propriété de la rue des Fontis, à Auteuil, mettant à sa place, comme directeur de la maison de santé, le D' Meuriot dont il avait su apprécier les solides mérites et que Madame Blanche avait marié à la nièce du D' Jean Bouley, la fille de Henri Bouley, président de l'Académie des sciences.

Depuis cette époque, M. Blanche restait à Auteuil chaque matin pour recevoir ses clients particuliers — qui étaient le plus souvent de simples solliciteurs — mais il n'en restait pas moins le médecin consultant de la rue Berton. Et ainsi vivant encore côte à côte avec son successeur, il continuait de lui donner ces traditions de dévouement et de désintéressement auxquelles il tenait tant.

Médecin expert près les tribunaux depuis l'année 1851, le D' Blanche continuait à faire de nombreux rapports de médecine légale, et, s'il en avait eu le temps, il se promettait de choisir pour en faire un recueil parmi ses rapports si nets, si clairs, écrits dans une langue pure et dont quelques-uns, du plus haut intérêt, sont de vrais modèles comme pensées et comme rédaction. Il était peiné qu'on s'étonnât de sa bienveillance pour les prévenus dont il devenait, comme de ses malades, l'ami et le protecteur. Les malheureux déséquilibrés que l'on condamnait pour des délits dont il les jugeait peu responsables, avaient droit à son intérêt paternel et il les traitait comme des êtres sans défense, ne les perdant jamais de vue, correspondant avec eux.

Aussi ses visiteurs d'Auteuil étaient-ils bien variés, mais ils sortaient tous de son cabinet réconfortés et moins tristes qu'ils n'y étaient entrés.

Les amis de son fils, c'est-à-dire tout ce que la génération des hommes de vingt à trente-cinq ans compte de brillant dans les arts, pourront dire plus tard l'accueil qu'ils ont trouvé aux déjeuners des dimanches, que présidait avec un charme inoubliable le père de leur camarade.

Mais la bonté du Dr Blanche et sa philanthropie étaient loin d'être tout ce dont il faudrait pouvoir parler ici. Son grand savoir scientifique eût suffi à le mettre au premier rang. Nous nous souvenons de l'impression profonde que fit sur le professeur Lasègue et sur toute l'Académie de médecine la lecture du travail dont le titre est : *Des homicides commis par les aliénés* (1878), et qui lui ouvrit les portes de la docte assemblée. Plus tard, il traita avec toute sa sagacité, sa lucidité et son talent des questions importantes, telles que *la Mélancolie*, le *Traitement moral de la folie*, *l'Aliénation mentale comme cause de divorce*, la *Réforme sur la loi des aliénés*, *les Placements volontaires dans les asiles d'aliénés de la Seine*, etc., etc.

Dans la question du divorce, il fut appelé devant les commissions du Sénat et de la Chambre des députés où il fit triompher, avec l'aide des Docteurs Charcot, Motet et Magnan, l'idée qu'on ne devait pas considérer comme une cause de divorce l'aliénation mentale. Il fit voir toute la cruauté qu'il y aurait à ne pas considérer la folie comme une autre maladie, mais à la reconnaître comme une sorte de tare spéciale et infamante. Il citait des faits que lui fournissait sa longue expérience et il fit, cette fois, triompher la cause de la charité humaine.

Quand l'Académie de médecine fut consultée par le gouvernement sur les réformes à apporter à la loi du 30 juin 1838, ce fut lui, le médecin aliéniste, que l'Académie chargea du rapport, car on savait que nul, plus que lui, n'était soucieux de la liberté individuelle. Ce rapport fut approuvé à l'unanimité.

Le docteur Blanche avait été nommé chevalier de la Légion d'honneur dès 1854; en 1870, il fut fait officier.

Ce ne sont pas les témoignages d'affection et d'estime qui lui ont fait défaut, car s'il consacrait la plus grande partie de son temps aux pauvres, il avait dans son intimité d'illustres personnages dont le commerce devait lui être bien cher. Chacun, depuis que l'âge l'avait ralenti, voulait qu'il changeât un peu d'existence et qu'il se reposât, du moins en été, à Dieppe, avec les siens. Mais il ignorait le sens du mot vacances, et ne pas travailler ou n'être pas occupé des autres, c'était ne pas vivre. Depuis les chaleurs de 1892, il était devenu très mal portant et son visage changeait d'expression; on devinait qu'il était sérieusement atteint. Au mois de juillet, il continuait de voir ses malades et semblait vouloir consacrer ses dernières forces à la maison de santé de Passy. Il a lutté jusqu'au bout; ce n'est que contraint et terrassé par la maladie qu'il s'est vu obligé de se reposer enfin. Mais ce repos, parmi nous, ne devait pas se prolonger. Après douze jours de lit, il s'est éteint sans souffrances, avec le calme d'une belle âme consciente de n'avoir fait que le bien.

Ses obsèques ont eu lieu le vendredi 18 août, avec la simplicité qui lui convenait : la saison éloignant beaucoup de monde de Paris, le Docteur a été accompagné à sa dernière demeure par un cortège surtout formé de tous les humbles et les malheureux dont il était l'ami.

On remarquait cependant dans l'assistance : S. A. I. Madame la princesse Mathilde, Madame la comtesse de Castiglione, M. Gounod, M. Ludovic Halévy, M. Alexandre Bertrand, M. Puvis de Chavanne, M. le baron Larrey, M. le sénateur Goujon, M. le Dr Marmottan, député de la Seine, MM. Perrichont et Davrillé des Essarts, conseillers municipaux de Paris ; Me Chéramy, président de la chambre des avoués ; MM. les professeurs Brouardel, Guyon, Joffroy, MM. les Drs Alph. Guérin, Hérard, Dumontpallier, Magnan, Motet, Gérard Marchant, Bouchereau, Ritti, Paul Garnier, Espieau de Lamaëstre, Alix, Ladreit de Lacharrière, Vallon, Henri Martin, Rafinesque, etc., etc.

Un nombre considérable de couronnes recouvraient le cercueil et plusieurs étaient portées à bras, notamment celles offertes par la municipalité de Passy, la maison de santé, la société de secours mutuels du XVIe arrondissement, les entrepreneurs et fournisseurs de Passy, etc.

Les cordons du poêle étaient tenus par :

M. le Dr Cadet de Gassicourt, secrétaire général de l'Académie de médecine ;

M. le professeur Brouardel, doyen de la Faculté de médecine, membre de l'Institut ;

M. le Dr Motet, secrétaire général de la Société de médecine légale ;

M. le Dr Marmottan, maire et député du XVIe arrondissement;

M. le Dr Meuriot, directeur de la maison de santé de Passy;

M. le Dr Bouchereau, vice-président de l'Association des médecins aliénistes.

Voici la reproduction du billet d'invitation aux obsèques :

M

Vous êtes prié d'assister aux Convoi, Service et Enterrement de

Monsieur Antoine-Émile BLANCHE

DOCTEUR EN MÉDECINE
MEMBRE DE L'ACADÉMIE DE MÉDECINE
ANCIEN PRÉSIDENT DE LA SOCIÉTÉ MÉDICO-PSYCHOLOGIQUE DE PARIS
ET DE LA SOCIÉTÉ DE MÉDECINE LÉGALE
VICE-PRÉSIDENT DE L'ASSOCIATION DES MÉDECINS DE LA SEINE
PRÉSIDENT DE LA SOCIÉTÉ DE SECOURS MUTUELS DES MÉDECINS ALIÉNISTES
MEMBRE FONDATEUR DE LA SOCIÉTÉ DES MÉDECINS DU XVIe ARRONDISSEMENT, ETC.
OFFICIER DE LA LÉGION D'HONNEUR
COMMANDEUR DE L'ORDRE D'ISABELLE LA CATHOLIQUE
CHEVALIER DE L'ORDRE DE CHARLES III D'ESPAGNE, ETC., ETC.

décédé, muni des Sacrements de l'Église, le 15 août 1893, en son domicile, rue des Fontis, n° 19 (Auteuil), dans sa 73e année ;

Qui se feront le vendredi 18 courant, à *midi très précis,* en l'Église Notre-Dame d'Auteuil, sa paroisse.

On se réunira à la Maison mortuaire

DE PROFUNDIS

De la part de Monsieur JACQUES E. BLANCHE, son fils ; de Monsieur ALFRED BLANCHE et ses fils, ses frère et neveux ; de Monsieur GEORGES OHNET, son neveu.

L'inhumation aura lieu au Cimetière de Passy.

Au cimetière de Passy, les discours suivants ont été prononcés par :

1° M. le Dr Cadet de Gassicourt, au nom de l'Académie de médecine ;

2° M. le Dr Ritti, au nom de la Société médico-psychologique ;

3° M. le Dr Motet, au nom de la Société de médecine légale ;

4° M. le professeur Guyon, au nom de l'Association des médecins de la Seine ;

5° M. le Dr Marmottan, au nom de la municipalité de Passy ;

6° M. le Dr Bouchereau, au nom de l'Association des médecins aliénistes ;

7° M. Davrillé des Essarts, conseiller municipal de Paris, au nom de l'Association de secours mutuels du XVIe arrondissement.

DISCOURS

DE M. LE Dr CADET DE GASSICOURT

AU NOM

DE L'ACADÉMIE DE MÉDECINE.

Messieurs,

C'est au nom de l'Académie de médecine que je viens, le premier, prononcer quelques mots sur cette tombe. Peut-être un autre de nos collègues aurait-il eu plus de compétence pour juger les travaux scientifiques du Dr Blanche, mais la parole en quelque sorte impersonnelle du secrétaire annuel de l'Académie me paraît être particulièrement autorisée aujourd'hui.

M. Blanche était, en effet, associé libre de notre Compagnie, et, par là, il n'appartenait à aucune des sections qui classent un médecin dans telle ou telle spécialité. Ce n'était pas l'auteur de recherches spéciales, ce n'était pas l'aliéniste, ce n'était pas le médecin légiste, c'était l'homme tout entier, si je puis ainsi dire, que l'Académie avait élu en 1878. Elle avait ainsi marqué la place qui lui appartenait parmi nous.

Il était de ceux qui, dans le cours de leur vie, ont plus agi que parlé et dont la juste renommée dépend plutôt des actes que des œuvres. Cependant quand il se mêlait d'écrire, Blanche le faisait avec une supériorité incontestée. Personne n'a oublié les mémoires lus par lui à la tribune académique : sur les *Homicides accomplis par les aliénés*, sur *la Mélancolie*, et surtout sur la *Folie considérée comme cause de divorce*. Si je note ce travail d'un trait particulier, c'est qu'il a été composé expressément pour l'Académie et sollicité par elle. Notre compagnie avait besoin d'être pleinement éclairée pour porter un jugement définitif sur une question aussi grave, et c'est à Blanche qu'elle s'est adressée sans hésitation, montrant ainsi le grand état qu'elle faisait de lui.

Ai-je besoin de rappeler son *Étude sur les projets de réformes à la législation des aliénés*. Elle est dans toutes les mémoires. Quant à ses admirables rapports de médecine légale, on sait de quel poids ils pesaient devant les tribunaux.

Mais notre collègue valait encore mieux que tout cela; son mérite était indépendant de ses écrits, et même supérieur à eux. Sa réputation, qui était européenne, était surtout due à de grandes qualités d'homme et de praticien. Il suffisait de le voir une seule fois près d'un aliéné pour le juger. Il déployait alors une souplesse d'esprit, une habileté de parole, une bienveillance communicative de la voix et du regard qui, selon l'expression de Lasègue, fascinaient le malade plutôt qu'ils ne le domptaient. Et le médecin qui assistait à ce merveilleux interrogatoire restait ébloui de la simplicité des moyens et de la perfection du résultat.

Voilà, Messieurs, les qualités maîtresses qui ont acquis au Dr Blanche sa grande réputation et qui nous rendaient fiers de l'avoir pour collègue.

Maintenant, d'autres vont vous dire ce que Blanche était en dehors de l'Académie. Car nous n'avions qu'une part de lui-même; il en réservait une autre, la meilleure peut-être, à tous les déshérités, ceux de l'intelligence et ceux de la fortune. Au grand jour de l'audience, son autorité respectée sauvait du châtiment les inconscients et les irresponsables; dans l'ombre discrète de son cabinet, sa générosité sans bornes sauvait de la faim et du désespoir tous ceux qui lui tendaient la main.

Mais je me laisse entraîner, et mon dessein a a été seulement de vous montrer ce que M. Blanche était au milieu de nous. Je l'y revois encore. Il était là, enfoncé dans son fauteuil, toujours à la même place, avec sa figure douce, son abord accueillant, sa lèvre souriante, son œil spirituel et bon légèrement voilé, aimable pour tous, de bon accueil pour chacun. Et, malgré la cruelle maladie qui l'a emporté, il semblait encore si plein de vie, que sa mort nous a frappés d'un coup imprévu.

DISCOURS

DE M. LE D' RITTI

AU NOM

DE LA SOCIÉTÉ MÉDICO-PSYCHOLOGIQUE.

Messieurs,

L'implacable mort frappe à coups redoublés dans les rangs de la Société médico-psychologique. Depuis six mois les deuils succèdent aux deuils. Après Pichon, un des membres les plus distingués de cette jeune génération de médecins aliénistes, formée par la lutte des concours, le professeur Ball, cœur généreux, d'intelligence d'élite, qui eut l'honneur de créer à la Faculté de médecine (on sait avec quel succès) l'enseignement officiel des maladies mentales. Hier, c'était Delasiauve, notre vénéré doyen, cette belle et noble figure dont nous conservons tous le pieux souvenir; aujourd'hui, nous pleurons la perte douloureuse du D' Blanche, qu'un mal cruel et inexorable enlève à l'affection de sa famille et de ses nombreux amis.

L'existence de notre regretté collègue est admirable de simplicité et d'unité ; elle peut se résumer en deux mots : dévouement pour les aliénés. Cette vertu était chez lui héréditaire ; elle se développa encore par l'éducation, par le souci constant du mieux, ce stimulant si vif du progrès intellectuel et moral.

M. Blanche fit des études médicales brillantes. Nommé interne des hôpitaux au concours de 1845, il soutint sa thèse de Doctorat en 1848. Élève de Baillarger à la Salpêtrière, il avait vu fonctionner la sonde au double mandrin en fer et en baleine que cet éminent aliéniste avait inventée pour surmonter les obstacles et prévenir les accidents du cathétérisme œsophagien chez les aliénés sitiophobes. A ce double mandrin, il substitua un mandrin articulé, et trouva ainsi le moyen de simplifier un procédé, excellent en principe, mais trop compliqué. C'est cette modification qui fait le fond de sa dissertation inaugurale ; elle est décrite avec une clarté, une sobriété de style peu communes, surtout chez un débutant.

Dès le lendemain de la soutenance de sa thèse, il devint le médecin de la maison de santé fondée par son père. Sous son habile direction, cet établissement acquit une réputation universelle et justement méritée. C'est qu'il le dirigeait autant avec son cœur qu'avec son intelligence. A ses malades, il prodiguait les soins les plus dévoués, les plus affectueux, avec une complète abnégation de soi-même, n'épargnant ni son temps, ni sa peine ; les parents de ces infortunés que la douleur accablait, qui souvent étaient obligés aux plus pénibles confidences, trouvaient auprès de lui les consolations les plus tendres ; il était le véritable médecin de l'âme qui sait, avec une exquise délicatesse, cicatriser les plaies les plus vives en y versant le baume de l'espérance ou de la résignation.

Les connaissances cliniques acquises dans ce contact journalier, et pour ainsi dire de tous les instants, avec les aliénés, lui furent du plus grand secours lorsqu'il fut nommé expert près les tribunaux.

M. Blanche ne tarda pas à devenir un des maîtres de la médecine légale des aliénés ; sa parole faisait autorité en ces différentes questions de responsabilité, questions d'autant plus délicates que l'on se trouve souvent aux prises avec la simulation et la dissimulation, et que, grâce aux constants progrès de la science, les limites entre la criminalité et la folie ne sont plus aussi nettement marquées qu'autrefois.

M. Blanche, qui ne se laissait pas séduire par

les théories, préférait le terrain solide des faits. Les nombreuses observations cliniques qu'il avait réunies lui permirent d'élucider un des problèmes longtemps controversés de notre science. On sait qu'Esquirol admettait une monomanie homicide; on sait aussi que la création de cette entité morbide était le plus grand argument des adversaires de la compétence des médecins aliénistes dans les questions judiciaires relatives à la folie. M. Blanche, les faits à la main, démontra d'une façon irrécusable qu'il n'existe pas une *maladie* se manifestant par le *seul instinct aveugle* de tuer, mais qu'au contraire, l'*acte homicide* est un *symptôme* d'aliénations très diverses. Le livre qu'il consacra au développement de cette vérité clinique est à tous égards excellent; les rapports médico-légaux qui y abondent sont des modèles du genre, en même temps que des documents d'une grande portée scientifique.

Cet ouvrage ouvrit à M. Blanche les portes de l'Académie de médecine.

Rappellerai-je le rôle prépondérant qu'il joua dans toutes les questions relatives à la médecine mentale, qui, en ces dernières années, ont été discutées devant la savante Compagnie? Ses rapports furent universellement goûtés pour la clarté de l'exposition, la justesse des idées, la netteté des conclusions; nos législateurs les ont lus et en ont profité. Notre collègue a donc fait œuvre utile et a bien mérité de la science à laquelle il a consacré sa vie.

Cette haute situation à laquelle il était arrivé, M. Blanche n'en jouissait pas en égoïste; il la mettait avec empressement au service de ses confrères jeunes ou vieux, des Sociétés savantes dont il faisait partie, des associations de bienfaisance qu'il aidait de son influence en même temps que de sa bourse. Alors que la maladie ou ses nombreuses occupations l'empêchaient de trop se prodiguer, on le trouvait toujours prêt lorsqu'il s'agissait de quelque démarche à faire, fût-elle des plus pénibles, en faveur d'un malheureux. M. Blanche était, en effet, la bonté, la bienveillance mêmes; il aimait à faire le bien, à rendre service; il prenait part aux malheurs des autres et s'ingéniait à leur rendre plus léger le fardeau de leurs peines.

Ceux qui n'ont connu M. Blanche que dans ses dernières années, quand le mal qui déjà le rongeait semblait lui aigrir le caractère, l'auraient volontiers pris pour une nature brusque et chagrine; cette humeur n'était que de surface. A qui trouvait le chemin de son cœur, il découvrait des trésors inattendus de tendresse et de dévouement; toujours prêt à stigmatiser les vices du temps, il connaissait trop la vie et ses difficultés pour ne pas trouver des excuses aux faiblesses des individus. Aussi tous ceux qui sont entrés dans son intimité conserveront-ils de lui le souvenir du meilleur des hommes, qui a pu se dire en mourant : « Je ne laisse pas un ennemi. »

Au nom de la société médico-psychologique, que vous avez contribué à fonder, dont vous avez été un des présidents, je viens, cher et vénéré maître, vous dire un dernier, un suprême adieu.

DISCOURS

DE M. LE Dr MOTET

AU NOM

DE LA SOCIÉTÉ DE MÉDECINE LÉGALE.

Messieurs,

Je viens, au nom de la Société de médecine légale de France, apporter ici l'expression de nos regrets, de notre douleur profonde.

La mort, depuis quelque temps, est impitoyable pour nous; chaque jour c'est un deuil nouveau. Elle nous enlève, coup sur coup, les meilleurs, les plus aimés, les plus respectés de nos collègues, de nos maîtres : elle semble choisir les têtes les plus hautes, comme si elle voulait qu'autour de nous les vides qu'elle creuse restent béants, s'étendent, et laissent plus cruel, dans nos cœurs troublés, le sentiment de nos pertes irréparables.

Personne plus que moi, parmi ses collègues,

ne devait souffrir de cette mort rapide, presque imprévue, de M. le Dr Blanche : et, venu pour saluer une dernière fois celui qui fut, il y a quelques années, le président de la Société de médecine légale de France, je suis presque malgré moi porté à parler moins du collègue que de l'homme qui m'honora de son amitié.

Ensemble nous avons travaillé, et dans cet échange si longtemps continué de nos idées, j'ai pu apprécier à leur haute valeur les qualités d'un homme de grand cœur, dont la vie se pourrait résumer en quelques mots :

« Dévouement absolu à la science et à l'humanité. »

Parler de la carrière scientifique de Blanche, au bord de cette tombe, je ne m'y sens pas préparé : je ne pourrai l'esquisser qu'à larges traits, et, d'ailleurs, je suis tout entier sous l'émotion poignante de la séparation ; il n'y a place dans mon cœur que pour les souvenirs, pour les regrets. C'est, hélas ! dans les souvenirs qu'il nous faudra désormais nous réfugier, c'est eux que j'évoque aujourd'hui.

Je me souviens qu'il y a maintenant plus de vingt-cinq années deux hommes m'ont pris par la main et m'ont conduit dans la voie qu'ils avaient si dignement parcourue, Lasègue et Blanche ; l'un, incomparable maître ; l'autre, indulgent ami : ils ont, avec une égale bienveillance, guidé mes premiers pas, dissipé mon inexpérience par l'enseignement si sûr de leur savoir, par l'exemple de leur probité scientifique.

« C'était un devoir pour moi d'apporter ici l'hommage de ma respectueuse reconnaissance et d'associer, même dans la mort, le nom de ces deux maîtres, auxquels je sais que je dois tant.

C'est la médecine légale qui nous a rapprochés ; ce fut une des joies de ma jeunesse d'être reçu dans cette maison hospitalière de Passy, où se réunissaient des hommes qui ont, ou qui ont eu (car combien de disparus !) un nom dans les sciences, dans les lettres, dans les arts ; de m'asseoir à cette table que Blanche présidait avec une bonne grâce, une simplicité touchante. Nul apprêt la causerie familière des esprits les plus délicats et, par-dessus tout, l'accueil bienveillant de Madame Blanche, l'âme de cette grande maison, qui avait pris pour elle seule les soucis d'une administration dont les mille détails ne l'effrayaient pas, laissant au médecin la tâche déjà si lourde du soin de ses malades.

C'était pour eux que Blanche réservait les trésors de son cœur compatissant. Plus occupé d'eux que lui-même, il vivait au milieu d'eux et pour eux. Il n'allait jamais, à la fin d'une journée pourtant bien remplie, prendre le repos auquel il avait droit, sans s'être assuré que tout était calme, que tout était attentivement surveillé dans sa maison. Jamais on ne poussa plus haut le sentiment de la responsabilité, jamais personne n'a plus que lui subordonné sa vie à ce qu'il considérait comme le devoir. Aussi, cette maison qu'il tenait de son père, il a si bien su la faire sienne, qu'elle est partout connue sous son nom, qu'elle représente sous une synthèse partout acceptée, l'asile des malheureux qui ont perdu comme le disait Dante : « Le grand bien de l'intelligence. » C'est qu'on savait, c'est qu'on sait toujours (et ce fut l'une de ses consolations dernières d'avoir remis entre des mains qu'il avait choisies, qu'il jugeait dignes de continuer sa tradition, cette maison qu'il aimait tant), c'est qu'on sait, dis-je, qu'il y a là des médecins qui couvrent de leur protection, de leur constante sollicitude, les malades auxquels leur vie tout entière est dévouée. Blanche avait pour eux de consolantes paroles : il les traitait avec une douceur, une bonté qui les réconfortaient; et, dans ce milieu où les passions sont parfois si vives, où les excitations tumultueuses des délires sont si intenses, où les revendications se produisent sous une forme souvent si violente, si agressive, il n'y eut presque jamais de ces plaintes retentissantes qui jettent partout l'émoi, et laissent croire à des erreurs, à des abus. Je n'ai souvenir que d'une seule; elle fut accueillie comme elle méritait de l'être par les magistrats dont le devoir était de la retenir, ne fût-ce que pour montrer combien elle était ridicule et vaine.

Personne n'avait plus que Blanche le respect de la liberté individuelle, personne n'était plus scrupuleux que lui quand il s'agissait de décider s'il y avait lieu de conseiller l'internement d'un aliéné. L'Académie de médecine le savait bien lorsqu'au moment de la discussion au Sénat du remarquable rapport de M. Théophile Roussel, elle le chargea d'une étude sur la loi de 1838. Blanche n'hésita pas à dire ce qu'il fallait penser des injustes attaques dont cette loi est périodiquement l'objet, à demander qu'on en conservât l'esprit, à démontrer que si, sur quelques points de détail elle pouvait être modifiée, elle devait rester dans ses grandes lignes comme l'une des lois les meilleures, les mieux préparées, les mieux discutées, les plus protectrices de nos Codes. Il n'eut pas de peine à faire accepter ses idées, tant était grande la confiance qu'inspiraient et sa longue pratique et sa compétence comme médecin légiste.

Médecin légiste ! Il le fut pendant près de quarante années. Il n'y eut pas pendant cette longue période une seule affaire grave dans laquelle il ne fût appelé à intervenir. On avait en lui une confiance sans bornes, parce qu'on savait que ses avis étaient toujours fondés sur l'étude la plus consciencieuse des faits soumis à son examen. Sa grande expérience, la droiture de son jugement, son honnêteté lui donnaient une autorité indiscutée. Il apportait dans la pratique de la médecine légale les principes qui ont dirigé toute sa vie.

Dans ces difficiles problèmes où tant d'intérêts sont en jeu, où nous savons que nous tenons au bout de notre plume l'honneur, la liberté, quelquefois la vie d'un homme, nous sommes souvent pris d'un terrible émoi, lorsqu'il s'agit de déterminer le moment précis où la raison disparaît, où la folie commence. Qui s'étonnerait que nous nous arrêtions effrayés de la lourde responsabilité qui pèse sur nous, et que nos jugements reflétant nos anxieuses préoccupations, inclinent plus souvent vers l'indulgence que vers la sévérité. Blanche, dont le cœur était si généreux et si bon, dont la longue expérience d'une vie passée au contact permanent des aliénés était si grande, avait ce sentiment poussé à l'extrême. Personne ne saurait lui en faire un reproche. Qui donc, en effet, a le droit de se dire assez sûr de lui-même, de sa science, si profonde qu'elle soit, pour trancher d'un mot, sans hésitation, les situations les plus délicates, les plus difficiles. C'est son honneur de n'avoir jamais risqué une affirmation qui ne fût pas solidement établie. Tout ce que Blanche a écrit est marqué au coin de l'observation la plus sagace. Il ne s'attardait pas aux questions de doctrine, il jugeait les faits avec cette sûreté de coup d'œil que peut seule donner la longue fréquentation du malade. C'est une rude école que celle dans laquelle il avait été élevé. Entré tout jeune dans ce monde tout à part où l'on pense, où l'on se détermine, où l'on agit d'une manière toute différente de celle du monde normal, il excellait à faire jaillir ces manifestations que l'aliéné réserve pour les seuls initiés, il connaissait leur langage, comme aussi leurs ruses, leur dissimulation souvent habile, et il a mis au service de la justice, dans un nombre considérable de rapports médico-légaux, toutes les ressources d'un clinicien consommé.

Malheureusement pour nous, Blanche qui n'a jamais recherché ni la publicité, ni le bruit qui se fait autour d'elle, n'a pas tiré des matériaux accumulés par lui tout ce qu'on en pouvait attendre. Il lui a manqué le temps de mettre en ordre la plus précieuse des collections. Sa vie, si remplie, n'a jamais eu de loisirs, c'est à peine s'il pouvait suffire à ses occupations de chaque jour. Nous qui le savions, nous ne pouvions que regretter qu'une mine si riche restât inexploitée. Plus d'une fois, dans ces entretiens familiers où l'on aime à parler du passé, de l'avenir, je l'ai entendu me dire ses projets ; il n'a pas pu les réaliser, et nous y perdons une œuvre à laquelle nous aurions volontiers donné pour épigraphe la devise même de la Société de médecine légale de France : « Science, vérité, justice ! »

N'est-ce pas à elle que Blanche est resté fidèle toute sa vie ? Quand nous l'avons appelé à nous présider, nous savions bien qu'il était digne de marcher à notre tête et que, dans ses mains loyales, notre drapeau serait fièrement tenu. Nous lui payons aujourd'hui la dette de notre estime, de notre affection.

Nous, qui avons vécu près de lui, qui l'avons aimé, qui le pleurons, nous ne saurions l'honorer mieux qu'en l'offrant en exemple à ceux qui nous suivront, qu'en leur disant : « Soyez comme lui laborieux, honnêtes, humains, généreux ; et vous aurez le droit de vous endormir, comme lui, du dernier sommeil, doucement bercés par le souvenir du bien que vous aurez fait ! »

Pour nous, Messieurs, dont la vie si honnête, si droite du Dr Blanche honore si grandement notre profession, nous apportons ici l'hommage de notre sincère affection, de nos profonds regrets.

Puisse ce témoignage s'élever jusqu'à la compagne dévouée de Blanche, si cruellement atteinte, jusqu'à son fils, son orgueil, sa joie, sa récompense ici-bas, et adoucir, pour un moment, la douleur à laquelle nos cœurs désolés s'associent avec respect.

Adieu, Blanche, adieu !...

DISCOURS

DE M. LE PROFESSEUR GUYON

AU NOM

DE L'ASSOCIATION DES MÉDECINS DE LA SEINE.

L'Association des médecins de la Seine vient dire à son vice-président les derniers adieux ; elle vient aussi exprimer la douleur profonde que lui cause la perte si grande qu'elle subit. M. Blanche lui a été entièrement dévoué, il l'a servie de tout son cœur et il a contribué par son exemple et ses actes à maintenir sa prospérité. Parmi les titres nombreux qui l'ont rendu justement célèbre, il en est un bien modeste auquel il a particulièrement tenu, c'est celui de membre de notre association. Aussi, lorsque par des votes unanimes et répétés ses confrères l'ont mis et maintenu à leur tête, M. Blanche a-t-il ressenti l'une des meilleures et des plus douces joies de sa vie. N'était-ce pas pour lui un moyen de plus de pratiquer et de conseiller la bienfaisance ?

L'humanité, nous le savons tous et vous l'entendez proclamer de toute part, a été la passion dominante de la belle vie de M. Blanche. Son cœur généreux et bon avait besoin d'aimer et il savait aimer ; il a aimé ses malades, et cette passion ardente du bien qui l'animait, il l'a, dans notre association, exercée au profit de ses confrères. M. Blanche savait que dans notre profession où un si grand nombre semblent appelés à réussir, il y a bien peu d'élus, et c'est à ceux que le sort n'avait pas favorisés, dont les efforts n'avaient pas été récompensés, dont la carrière avait été entravée, qu'il ne cessait de penser. Jamais il ne manquait à nos séances, il écoutait avec un soin religieux le dépouillement de la correspondance toujours si volumineuse, où ceux qui ont besoin de nous viennent exposer les motifs qui les conduisent à implorer notre assistance. La lecture de ces lettres touchantes, souvent navrantes, ne pouvait être achevée sans provoquer de la part de M. Blanche des interruptions émues. Le plus souvent il avait demandé la parole avant que le secrétaire général eût terminé sa tâche. Alors il nous disait combien étaient dignes de notre sollicitude certaines des demandes qui nous étaient adressées, combien il importerait d'agir aussi largement et aussi vite que possible. Il avait appris à connaître par le menu les misères du corps médical et ajoutait aux renseignements qui nous étaient donnés par les intéressés ceux qu'il avait su recueillir; toutes les mains se levaient pour accorder ce qui était demandé avec une si communicative persuasion. C'était pour M. Blanche le succès qu'il aimait le mieux à obtenir et toujours il a pu quitter nos réunions en ayant le sentiment de nous avoir aidés à accomplir de bonnes œuvres. Les seules tristesses qu'il emportait étaient que nos ressources, quelle que fut leur importance croissante, ne lui permissent pas d'obtenir davantage; c'étaient aussi les rares démissions qui viennent parfois nous surprendre. Elles l'affligeaient profondément. M. Blanche avait à un si haut degré le sentiment de la solidarité confraternelle, qu'il eût voulu que chacun se dévouât à une œuvre qui a pour but de prévoir et qui tient à cœur de soulager. Aussi travaillait-il sans cesse à nous amener de nouveaux adhérents, et cherchait-il à faire comprendre que nous devons à nous-mêmes et que nous devons à nos confrères de nous réunir afin de nous entr'aider.

La situation qu'il occupait, l'estime si grande qui l'entourait, le respect affectueux dont il était l'objet, donnaient à sa parole une autorité particulière, à ses actes une portée dont l'association n'a cessé de bénéficier. Aussi notre émotion et notre douleur sont-elles bien grandes.

Nous ne pourrons rendre à notre vice-président un meilleur et plus grand hommage que de ne pas perdre de vue ses exemples. Nous nous souviendrons, cher et vénéré collègue, de tout ce que vous avez désiré pour nous. Nous ferons en sorte, bien que votre perte rende la tâche difficile, de le réaliser. Nous aimerons et honorerons votre mémoire, et cela nous sera aisé, car nous ne pourrons nous occuper de l'œuvre qui a eu vos prédilections, sans retrouver la trace de vos bienfaits. Nous serons sans cesse amenés, en le faisant, à dire : c'était un grand homme de bien.

DISCOURS

DE M. LE Dr MARMOTTAN

MAIRE ET DÉPUTÉ

AU NOM

DE LA MUNICIPALITÉ DU XVIe ARRONDISSEMENT.

Messieurs,

Je viens au nom de mes administrés rendre un dernier hommage à cet homme de bien dont la perte nous a si douloureusement impressionnés.

C'est surtout au nom des petits, au nom des humbles, au nom de ceux qui souffrent, que je prends la parole ; il fut pour eux un véritable père, et sa vie entière fut consacrée à les soutenir et à les consoler ; ils font en lui une perte bien cruelle et ils sentent que dans la personne du Dr Blanche ils ont perdu le plus tendre et le plus dévoué des amis.

Sa charité était inépuisable ; ce n'était pas cette

charité banale, qui consiste à donner pour se débarrasser d'une importunité ; c'était la véritable charité évangélique, celle qui soulage et qui console. Aux dons qu'il faisait, il joignait les bonnes paroles, les tendres consolations et aussi les bons conseils ; et, en sortant de chez lui, les malheureux ne se sentaient pas humiliés ; ils sentaient en eux renaître l'espérance.

Il faisait le bien et il se taisait ; que de confidences j'ai reçues à cet égard ! que de bénédictions j'ai entendues !

Lorsque autour de moi, on causait de bienfaisance, le premier nom qui sortait de toutes les lèvres était celui du Dr Blanche ; il avait pour ainsi dire personnifié la charité.

Il lui arrivait souvent de dépasser les limites de la prudence et d'aller au delà de ses ressources ; il prenait alors la résolution d'être plus sage et de mieux administrer ; mais lorsqu'à la suite d'un refus, il voyait se peindre la tristesse sur le visage d'un malheureux, son cœur ne pouvait résister ; une sorte de remords le saisissait. Il se levait, le rappelait avant qu'il ne fût sorti et lui donnait souvent, comme une sorte de réparation, plus qu'il ne lui avait demandé ; il préférait être taxé de prodigalité que de manquer à l'humanité.

Aussi, mon cher Blanche, le meilleur et le plus doux des hommes, ton souvenir restera gravé dans notre pensée ; tu auras pour sanctuaire le cœur des malheureux, de ceux que tu as tant aimés, et tu seras pour nous tous un exemple et un enseignement, car tu as personnifié ce qu'il y a de plus noble et de plus grand dans ce monde : la Bonté et la Charité.

DISCOURS

DE M. LE Dʳ BOUCHEREAU

AU NOM

DE L'ASSOCIATION DES MÉDECINS ALIÉNISTES

Au nom de l'Association des médecins aliénistes je viens exprimer les regrets sincères que la mort de M. Blanche a suscités parmi nous et offrir à sa mémoire un dernier témoignage de notre reconnaissance pour tous les services qu'il a rendus à notre œuvre depuis sa fondation, en qualité de membre du conseil et de président. Durant son existence si bien remplie, M. Blanche a manifesté sa générosité sous les formes les plus délicates, sans jamais se lasser. Les médecins aliénistes frappés dans leur fortune, dans leur situation, dans leur santé, ont éprouvé combien sa bienveillance était grande : il leur a donné son temps, son argent, il leur a prêté son concours le plus actif dans la plus large mesure. Il ne suffisait pas à

M. Blanche d'agir par lui-même, on le voyait encore solliciter avec ardeur l'intervention de ses amis, de ses confrères, en faveur de tous ces infortunés dont il a été le généreux bienfaiteur.

M. Blanche avait acquis dans Paris une autorité légitime et une popularité très étendue. Son nom était connu d'un grand nombre et sa personne recevait le meilleur accueil ; on ne saurait trop louer sa bonté, la droiture de son caractère, sa fidélité à ses anciennes amitiés, la sincérité de ses convictions, son dévouement aux malheureux, son savoir et son talent de médecin. Il a été un praticien d'un grand mérite : il a su se faire aimer tout en inspirant le respect.

Il réservait son estime à ceux-là seulement qui lui en paraissaient dignes : chez M. Blanche on doit apprécier le caractère autant que la science ; son jugement droit l'a servi et guidé durant toute sa carrière.

Les grandes qualités de son esprit ont surtout trouvé à s'exercer dans le traitement des aliénés : là il s'est montré un maître qu'il sera bon d'imiter. Tous ses clients, riches et pauvres, lui étaient fortement attachés ; la vue de M. Blanche provoquait la manifestation de sentiments reconnaissants bien touchants à l'occasion de ses visites fréquentes aux pensionnaires de nos asiles auxquels il avait facilité l'entrée de l'établissement.

Il ne s'éloignait d'eux qu'après leur avoir ouvert sa bourse, leur avoir témoigné toute sa sympathie et s'être efforcé de relever leur courage. M. Blanche était le modèle des médecins aliénistes : comme il savait qu'il ne pouvait guérir tous ses malades, il employait toutes les ressources de son savoir et de son cœur pour ranimer leur énergie morale profondément abattue. M. Blanche a sauvé de la mort des hommes désespérés, décidés au suicide, qui serviront longtemps encore notre pays dans le poste d'honneur où ils sont placés ; confident involontaire de quelques-uns de ces actes, j'en puis porter témoignage pour la mémoire de M. Blanche sans trahir aucun secret.

M. Blanche appartenait à une famille qui a donné à la France des hommes distingués dans les arts, dans les lettres, dans les sciences médicales, dans les hautes fonctions administratives : il a réuni en lui diverses qualités de sa famille, il a agrandi les dons qu'il tenait de ses parents ; il s'est toujours efforcé de faire le bien, de rendre service à ses semblables. M. Blanche s'était choisi de son vivant un collaborateur digne de sa confiance et continuateur de sa pensée en la personne de M. Meuriot ; il meurt à un âge où il pouvait être encore longtemps utile, il laisse aux siens un nom aimé et respecté et à nous le souvenir d'un grand cœur.

Adieu, Monsieur Blanche, adieu.

DISCOURS

DE M. DAVRILLÉ DES ESSARTS

AVOCAT A LA COUR D'APPEL,
CONSEILLER MUNICIPAL,
PRÉSIDENT DE LA SOCIÉTÉ DE SECOURS MUTUELS
DU XVIe ARRONDISSEMENT.

Messieurs,

Ce n'est pas le médecin, ce n'est pas le savant dont je veux faire l'éloge et auquel j'adresse un suprême adieu !

C'est l'ami, c'est le bienfaiteur que nous perdons, à qui je viens offrir, au nom des habitants du XVIe arrondissement, et plus particulièrement au nom de la *Société municipale de secours mutuels* (dont il fut avec mon père l'un des fondateurs), le témoignage affirmé sur cette tombe par notre présence et par nos larmes, de la sympathie et de la reconnaissance de tous ses concitoyens.

On disait tout à l'heure que le Dr Blanche ne

laisse pas un ennemi. Ce n'est point assez dire. Il faut ajouter que sa mort ne laisse pas parmi ceux qui l'ont connu un seul indifférent.

A qui en effet n'a-t-il pas rendu service dans le cours de sa longue et bienfaisante vie ?

A qui n'a-t-il pas donné un conseil, ou apporté une consolation ?

C'était l'essence de la nature de cet homme que d'être *bon*. Ce mot pourra figurer dans son épitaphe, car il restera accolé à son nom ; on dira toujours : « Le *bon* docteur Blanche ! »

Que ce soit sa récompense et celle de tous les siens, de son admirable femme surtout, de voir ici, sans distinction d'opinions ni de partis, s'affirmer les regrets de toute une population.

Que cet exemple d'une existence tout entière consacrée au bien, à l'amour de l'humanité, nous montre la route à suivre sur cette terre où il y aura toujours tant de misères et de souffrances à soulager.

Le Dr Blanche était de ceux qui comprennent le mieux et qui pratiquent le plus la charité, mais il était de ceux qui ne s'en tiennent pas à l'aumône, de ceux qui estiment qu'il faut savoir établir scientifiquement et philosophiquement la solidarité sociale.

Voilà pourquoi il s'était placé aux premiers rangs de la mutualité, de l'assistance par le travail et de tant d'autres œuvres de relèvement humanitaire.

Au nom de tous ses collaborateurs, au nom de tous ses amis connus et inconnus, au nom de tous ceux à qui il a fait le bien, j'apporte à notre regretté et vénéré concitoyen, au « *bon* » docteur Blanche une dernière parole de remerciement et d'adieu !

Adieu ! nous saurons nous souvenir ! votre mémoire ne périra pas parmi nous !

Le journal le *Figaro*, du 17 août, publiait l'article suivant de M. Téodor de Wyzewa :

LE DOCTEUR BLANCHE.

Le Dr Antoine-Émile Blanche, membre associé libre de l'Académie de médecine, est mort hier matin, dans sa maison de la rue des Fontis, à Auteuil. Il avait soixante-treize ans, mais il avait gardé jusque dans ces derniers temps la vigueur, l'activité et aussi la fraîcheur d'impression, l'entrain, la gaieté d'un jeune homme. J'ai devant les yeux, tandis que j'écris, son bon sourire plein d'indulgence. Je n'ai connu personne qui s'intéressât plus assidûment à la vie et aux hommes.

Pour parler de ses travaux scientifiques et de sa valeur comme praticien, il faudrait une autorité que je n'ai pas. Je croirais volontiers pourtant que c'était le plus savant et le plus habile des médecins aliénistes ; car il remplaçait les théories générales par l'observation, et au lieu de considérer ses clients comme des cas pathologiques, il les tenait pour des malheureux. Par là il restait un médecin de la vieille école. Souvent je l'ai interrogé sur les méthodes nouvelles dont ses confrères les plus jeunes faisaient grand tapage ; il les connaissait et les approuvait, car son indulgence était infinie, mais il craignait que ces méthodes nouvelles ne fissent un peu négliger l'ancienne, qui consistait à avoir pitié des malades.

Par d'autres points encore il se rattachait à la vieille école. Il savait notamment écrire le français, et des leçons que lui avait jadis données Villemain, dans sa petite chambre de la Sorbonne, il avait gardé un goût très vif de clarté, de simplicité, d'élégance dans la pensée et le style. J'ai lu quelques-uns des rapports qu'il rédigeait pour les tribunaux de la Seine, en sa qualité d'expert : ce sont des modèles dans ce genre ancien où l'on se croyait tenu à tout exprimer en des phrases correctes et ayant un sens.

Mais le Dr Blanche était, par-dessus tout cela, un homme d'une bonté parfaite ; son indulgence universelle s'accompagnait d'une charité si chaude, si active, que je n'ai guère vu d'homme plus constamment occupé d'obliger tout le monde. De cela, du moins, je puis rendre témoignage. Le Dr Blanche a dépensé à des actes de charité la plus grosse part de sa fortune. Et il y prenait tant de plaisir, il s'y employait avec tant de bonne humeur et de simplicité, que je m'étais accoutumé, dans les dernières années, à lui adresser indistinctement tous les malheureux que je rencontrais. Pas un n'est allé chez lui à qui il n'ait fait quelque bien.

Aussi l'ai-je admiré et aimé de tout mon cœur. Il m'apparaissait comme le dernier modèle d'une race d'hommes désormais éteinte. Ses successeurs auront peut-être plus de science, je veux dire qu'ils sauront distinguer un plus grand nombre de variétés de maladies mentales ; car, pour les guérir je ne crois pas même qu'ils aient le loisir d'y penser. Mais le vieux médecin lettré et charitable, préférant les hommes aux maladies, se méfiant de la science et plein de confiance dans l'humanité, c'est une espèce que j'aimais à retrouver dans cet homme si accueillant et si bon.

Sa mort laisse vraiment un grand vide : c'est encore un des plus chers morceaux du passé qui disparaît. Et je pense à la douleur que doivent ressentir, devant cette mort, non seulement la veuve du Dr Blanche et son fils Jacques Blanche, qu'il aimait si tendrement, mais encore tant de malheureux que je voyais l'hiver se presser dans son cabinet, en quête d'un conseil ou d'un secours.

T. DE WYZEWA.

D' BLANCHE ANTOINE-ÉMILE

NÉ A PARIS LE 1ᵉʳ OCTOBRE 1820,
DÉCÉDÉ A AUTEUIL LE 15 AOUT 1893.

1845. — Interne des hôpitaux.
1848. — Docteur en médecine.
1851. — Médecin expert près le tribunal de la Seine.
1874. — Président de la Société médico-psychologique.
1886. — Président de la Société de médecine légale.
1878. — Membre de l'Académie de médecine.
1886-93. — Vice-président de l'Association des médecins de la Seine.
1854. — Chevalier de la Légion d'honneur.
1870. — Officier de la Légion d'honneur.
1857. — Chevalier de Charles III d'Espagne.
1873. — Commandeur d'Isabelle la Catholique.

NOTICE BIBLIOGRAPHIQUE

1848. — Du cathétérisme œsophagien chez les aliénés.
1874. — Des placements volontaires dans les asiles d'aliénés de la Seine.
1875. — Du délire par accès avec impulsion homicide (affaire Thouviot).
1878. — Des homicides commis par les aliénés.
1880. — Quelques considérations sur le traitement moral de la folie.
1882. — La folie doit-elle être considérée comme cause de divorce? (Rapport à l'Académie de médecine sur l'aliénation mentale comme cause de divorce.)
1887. — De la mélancolie (rapport à l'Académie) prix Lefèvre.
1884. — Rapport sur les projets de loi relatifs à la législation sur les aliénés; Résumé de la discussion du rapport sur la nouvelle législation des aliénés. Conclusions.

CORBEIL. — IMPRIMERIE ÉD. CRÉTÉ

www.ingramcontent.com/pod-product-compliance
Lightning Source LLC
LaVergne TN
LVHW021734080426
835510LV00010B/1261